Fiche de lecture

Document rédigé par Émilie Prukop
maitre en lettres modernes
(Université de Toulouse)

Les Fleurs du mal

Charles Baudelaire

lePetitLittéraire.fr

Rendez-vous sur lePetitLittéraire.fr et découvrez :

- plus de 1200 analyses
- claires et synthétiques
- téléchargeables en 30 secondes
- à imprimer chez soi

Code promo : LPL-PRINT-10

10 % DE RÉDUCTION SUR www.lePetitLittéraire.fr

LE RECUEIL DES *FLEURS DU MAL* — 6

La question du titre

L'architecture secrète du recueil
- *Spleen et Idéal (poèmes 1-85)*
- *Tableaux parisiens (poèmes 86-103)*
- *Le Vin (poèmes 104-108)*
- *Fleurs du mal (poèmes 109-117)*
- *Révolte (poèmes 118-120)*
- *La Mort (poèmes 121-126)*

ÉCLAIRAGES — 12

La poésie au XIXe siècle :
du romantisme au symbolisme
- *Le romantisme*
- *Le Parnasse*
- *Le symbolisme*

CLÉS DE LECTURE — 15

Spleen et Idéal : la double postulation des *Fleurs du mal*

Les correspondances

La question du style

Baudelaire, un poète moderne

PISTES DE RÉFLEXION — 22

POUR ALLER PLUS LOIN — 24

Charles Baudelaire
Poète français

- **Né en 1821 à Paris**
- **Décédé en 1867 dans la même ville**
- **Quelques-unes de ses œuvres :**
  Les Fleurs du mal (1857), poésie
  Les Paradis artificiels (1860), essai
  Petits poèmes en prose (1869, posthume), poésie

Baudelaire est considéré comme un des plus grands poètes du XIXe siècle. Son recueil *Les Fleurs du mal* (1857) est une œuvre majeure de la modernité, à travers laquelle Baudelaire a réinventé l'esthétique poétique.

Né en 1821, Baudelaire est très tôt marqué par un sentiment de solitude, de douleur et d'amertume dû à la mort de son père. Sa mère se remarie quelques temps plus tard avec un militaire, le commandant Aupick, que le jeune Baudelaire hait car il représente l'exact opposé de ce qu'il aspire à être, c'est-à-dire un créateur, un poète. Dans sa jeunesse, Baudelaire mène une vie de dandy dissolue. Après avoir dilapidé l'héritage parternel, croulant sous les dettes, il est placé sous tutelle par sa mère et le commandant Aupick. Baudelaire côtoie alors les grands artistes et intellectuels de son temps comme Barbey d'Aurevilly, Théophile Gautier ou Edgar Allan Poe, dont il devient le traducteur. Il meurt à Paris en 1867 de la syphilis.

Les Fleurs du mal
Une œuvre révolutionnaire

- **Genre :** recueil de poésie
- **Édition de référence :** *Les Fleurs du mal*, Paris, Le Livre de Poche, coll. « Classiques de Poche », 1999, 416 p.
- **1re édition :** 1857
- **Thématiques :** mélancolie, ville, rébellion, beauté, laideur, mort

En 1857 parait la première édition des *Fleurs du mal*. Dès sa sortie, le recueil est violemment attaqué par la critique, au point qu'une information judiciaire est ouverte contre Baudelaire. Il est accusé d'atteinte à la morale religieuse, et d'outrage à la morale publique et aux bonnes mœurs. Finalement, seul le dernier chef d'accusation est retenu : l'auteur est condamné à payer une forte amende et contraint d'ôter six poèmes du recueil. Il est effondré, d'autant qu'ainsi qu'il l'a toujours dit, *Les Fleurs du mal* obéissaient à une « architecture secrète » : la condamnation de six pièces remet en question toute l'intégrité de l'ouvrage. Il commence donc à écrire d'autres poèmes pour les remplacer, et la seconde édition des *Fleurs du mal* parait en 1861. Il s'agit d'une œuvre majeure de la modernité qui a révolutionné l'esthétique poétique. Elle reflète à elle seule tout le projet poétique de Baudelaire qui est d'extraire la beauté du mal.

LE RECUEIL DES *FLEURS DU MAL*

LA QUESTION DU TITRE

Un titre est toujours un postulat de lecture, il dévoile les intentions de l'auteur. Baudelaire a longtemps hésité sur le titre à donner à son recueil :

- il a tout d'abord envisagé *Les Lesbiennes*. L'origine du mot remonte à une poétesse grecque de l'Antiquité, Sapho (VIIe-VIe siècle av. J.-C.), qui vivait sur l'ile de Lesbos, au large de la Grèce. Le terme renvoie à son amour pour les femmes et à la glorification de celui-ci dans ses poèmes. L'homosexualité féminine ayant été rejetée dès l'Antiquité, le terme de « lesbienne » s'est très vite doté d'une connotation négative et a été utilisé pour désigner une femme de mauvaise vie. Ce choix de titre était donc scandaleux, à l'image de ce que désirait Baudelaire, mais également d'inspiration poétique puisqu'il renvoyait à la poétesse Sapho ;
- ensuite, Baudelaire a envisagé comme titre *Les Limbes*. Il s'agit d'un terme de théologie qui désigne le lieu où se trouvent les âmes de ceux qui ont vécu avant la rédemption du Christ, ainsi que celles des enfants non baptisés. Au XIXe siècle, c'est aussi un terme qui renvoie au socialisme : il désigne une période de misère industrielle avant l'avènement espéré d'une société juste et parfaite. Ce titre reflète donc l'ambition de Baudelaire

de retracer l'histoire des agitations spirituelles de son époque et souligne son ambition poétique de faire preuve de modernité ;
- enfin, la force du titre *Les Fleurs du mal*, sur lequel s'est finalement porté le choix du poète, réside dans l'oxymore, qui reflète le projet poétique de Baudelaire : extraire la beauté – les fleurs sont toujours considérées comme belles – du mal. Cette opposition fondamentale structure le recueil entier, comme on le verra plus précisément par la suite.

L'ARCHITECTURE SECRÈTE DU RECUEIL

La seconde édition des *Fleurs du mal*, qui s'est imposée comme la version définitive, est divisée en six sections, tandis que la première n'en comportait que cinq (les *Tableaux parisiens* en moins).

Spleen et Idéal (poèmes 1-85)

Il s'agit de la section la plus longue du recueil.

Le poète constate dans un premier temps que deux forces contradictoires cohabitent en lui : le spleen et l'idéal, auxquels il consacre cette première partie, dans laquelle il se livre également à une réflexion sur la poésie et l'esthétique.

Le mot « spleen » est un terme anglais qui vient du grec *splen*, qui désigne la rate. Les Grecs anciens pensaient que le corps humain était composé des quatre éléments fondamentaux, logés en équilibre dans les différentes parties du corps : c'est ce qu'on appelle la théorie des humeurs.

En cas de déséquilibre entre ces quatre éléments, on considérait que la santé était menacée. Lorsque la bile noire, l'humeur produite par la rate, se déversait dans le corps, elle provoquait un état de profonde mélancolie. Par glissement de sens, le terme « spleen » désigne un état mélancolique sans cause particulière. Pour Baudelaire, par extension, le terme désigne tout à la fois les sentiments d'enlisement, de lassitude, de médiocrité, d'ennui, de détresse et de mélancolie ressentis par le poète. Il est associé, dans les poèmes, à la pluie, à l'eau, à la boue, à la brume, aux ténèbres et à toutes sortes d'images funèbres, ainsi qu'aux motifs de la descente et de la chute, et parfois au moment présent.

Au spleen, Baudelaire oppose l'espoir, incarné par l'idéal. Le poète, seul sur terre, rêve de s'élever vers un idéal qui peut prendre diverses formes : il peut s'agir de la beauté ou de l'amour, par exemple. De manière générale, dans les poèmes, l'idéal appartient toujours soit à des temps anciens, soit à l'avenir, et est caractérisé par un mouvement d'élévation, par la lumière, la limpidité, le feu et des images d'envol. Le poème *L'Albatros*, qui parle de la condition du poète, est particulièrement caractéristique de cette tension qui existe entre spleen et idéal puisqu'on y trouve à la fois le mouvement d'envol et l'idée d'élévation, suggérés par la présence de l'albatros, et la présence de l'eau, du gouffre et de la chute.

Notons que l'idéal se refuse constamment au poète, ce qui aggrave davantage son sentiment d'ennui et de désespoir. Ainsi, Baudelaire s'attarde longuement sur le spleen, omniprésent, et n'évoque l'idéal, plus rare et éphémère, qu'à travers des images fragiles et fugaces.

Cette section peut elle-même se subdiviser en trois parties :

- le cycle de l'art, comprenant des poèmes traitant de la grandeur du poète élu, comme *Élévation*, *La Vie antérieure* ou *L'Idéal*. On y trouve également des pièces traitant de la misère du poète comme « L'Albatros » et « Bénédiction », ainsi que des poèmes qui personnifient la Beauté comme « La Beauté », « La Géante » ou « Le Masque » ;
- le cycle de l'amour, dans lequel on trouve des poèmes dédiés aux différentes femmes qui ont compté pour Baudelaire : Jeanne Duval (*Parfum exotique*, *La Chevelure*, *Le Serpent qui danse*), Apollonie Sabatier (*Tout entière*, *Le Flacon*) et Marie Daubrun (*Le poison*, *L'Invitation au voyage*), ainsi que des poèmes sur des inspiratrices secondaires, c'est-à-dire des femmes à qui les pièces semblent s'adresser mais que l'on n'a pas identifiées ;
- le cycle du spleen, dont le centre est l'ensemble des poèmes intitulés *Spleen*, et qui s'achève sur la trilogie des poèmes de la mauvaise conscience : *L'Héautontimorouménos* (qui signifie littéralement en grec « le bourreau de soi-même »), *L'Irrémédiable* et *L'Horloge*. C'est à l'intérieur de ce cycle que l'on trouve les poèmes de l'ennui.

Tableaux parisiens (poèmes 86-103)

Dans cette section, Baudelaire rompt définitivement avec le romantisme et fait une avancée décisive vers la modernité en écrivant une poésie centrée sur la ville. De la même façon qu'il souhaite extraire la beauté du mal, il cherche ici à extraire la beauté de la ville. L'auteur donne à lire des tableaux poétiques ancrés dans le Paris des travailleurs, du plaisir et de la misère, autant de scènes de la vie quotidienne, qu'il parvient à transcender par le biais de la poésie, qui fait de toutes ces choses vues des symboles, des allégories.

Le Vin (poèmes 104-108)

Cette section renvoie aux paradis artificiels célébrés par Baudelaire dans l'ouvrage éponyme. Les deux premiers poèmes de cette section offrent une continuité avec les « Tableaux parisiens » en évoquant le Paris des travailleurs et des prolétaires.

Fleurs du mal (poèmes 109-117)

Cette section constitue la clef de voute du recueil par la reprise du titre qui accentue l'intention qui préside au projet poétique de Baudelaire, à savoir extraire la beauté du mal, comme on l'a déjà expliqué. Dans ces pièces, le poète se tourne vers les plaisirs physiques pour tenter d'échapper à la condition humaine. On a d'ailleurs pu parler à leur égard de « cycle du vice ».

Révolte (poèmes 118-120)

Cette section comprend trois poèmes du blasphème et de la rébellion. Ces trois dernières sections, «Le Vin», «Fleurs du mal» et «Révolte» doivent se lire comme des appels désespérés du poète pour échapper à sa condition, au spleen, grâce à l'ivresse des paradis artificiels, aux plaisirs de la chair et à la révolte contre Dieu.

La Mort (poèmes 121-126)

Enfin, ultime espoir d'échapper aux sentiments d'ennui et de détresse qui tenaillent le poète : la mort. En effet, malgré toutes ses tentatives de fuite, il ne parvient pas à atteindre l'idéal : la même obsession mortifère revient constamment. Toutefois, la mort ne doit pas s'entendre ici en terme de finitude, mais plutôt comme un moyen d'avancer vers une création nouvelle (soulignée par l'adjectif «nouveau» qui clôt le recueil). La mort, selon Baudelaire, est le «terreau des fleurs nouvelles».

ÉCLAIRAGES

LA POÉSIE AU XIXe SIÈCLE : DU ROMANTISME AU SYMBOLISME

L'histoire littéraire du XIXe siècle est caractérisée par une recherche permanente de sens et de nouveauté. Pris dans la tourmente de la révolution industrielle et de ses bouleversements, tant économiques que sociaux, écrivains et poètes cherchent à donner une nouvelle signification à la littérature et à l'homme.

Le romantisme

Le début du XIXe siècle est marqué par l'avènement de la poésie romantique. En 1820, en France – et déjà à la fin du XVIIIe siècle en Allemagne –, des écrivains comme Victor Hugo (1802-1885) ou Alphonse de Lamartine (1790-1869) sont les chefs de file d'un mouvement de poètes qui souhaitent mettre en avant leur intériorité dans leur poésie. Le « je » poétique placé au centre de l'œuvre permet l'expression lyrique de toute une palette d'émotions, allant du sentiment amoureux à la mélancolie profonde. Cette méditation poétique sur le « moi » est la principale caractéristique de la poésie romantique. Mais les romantiques ont aussi opéré un certain nombre de bouleversements formels, notamment en réhabilitant des formes anciennes comme le rondeau, la ballade ou l'ode. Enfin, la poésie romantique, en tant que poésie du sensible, s'emploie également à être le miroir du désenchantement de toute une génération. En effet, les écrivains romantiques, marqués par les bouleversements politiques de leur époque, sont victimes de ce qu'on appelle le « mal du siècle » : pris entre envie d'héroïsme et désespoir parce que les différents régimes qui se succèdent ne tiennent pas leurs promesses, ils perdent leurs illusions, et éprouvent un vif sentiment d'ennui et de mélancolie.

On peut dire que Baudelaire, qui commence à écrire vers 1845, est d'une certaine manière influencé par les romantiques, avec lesquels il présente certaines affinités : son aspiration à l'infini, notamment, est héritée de l'esthétique romantique.

Le Parnasse

Dans les années 1850, en réaction à l'esthétique romantique, prompte aux débordements lyriques, les poètes du Parnasse (en hommage à la montagne grecque du même nom), comme Théophile Gautier (1811-1872) ou Leconte de Lisle (1818-1894), revendiquent une approche plus impersonnelle, fondée sur la recherche d'une esthétique formelle rigoureuse, trouvant son apogée dans des formes poétiques contraignantes comme le sonnet. Les parnassiens pratiquent en poésie la doctrine de l'art pour l'art, qui veut que l'expression artistique soit désintéressée et seulement tournée vers la recherche d'un idéal esthétique qui réside dans la perfection formelle.

Baudelaire est contemporain des parnassiens et a dédié le recueil des *Fleurs du mal* à Théophile Gautier. Mais l'aspect trop rationnel de cette tendance littéraire, qui heurtait son côté mystique, l'en a éloigné.

Le symbolisme

Baudelaire a grandement influencé, par la suite, les poètes symbolistes comme Stéphane Mallarmé (1842-1898), le comte de Lautréamont (1846-1870), Paul Verlaine (1844-1896) ou Arthur Rimbaud (1854-1891), au point que le recueil *Les Fleurs du mal* a été perçu comme un précurseur du symbolisme, mouvement littéraire et artistique né en France vers 1870. De la même manière que Baudelaire, les symbolistes chercheront à établir des liens entre des réalités très diverses et à représenter la réalité grâce à des symboles. La poésie deviendra alors un langage secret et suggestif, ce qui conduira les poètes à travailler de plus en plus la forme du vers et la métrique, et donnera naissance au vers libre.

CLÉS DE LECTURE

SPLEEN ET IDÉAL : LA DOUBLE POSTULATION DES *FLEURS DU MAL*

Le recueil des *Fleurs du mal*, ainsi que le souligne l'oxymore du titre, est tout entier fondé sur l'opposition et le lien étroit qui existe entre spleen et idéal. Le poète expérimente à la fois la douleur et la laideur de l'ennui, c'est-à-dire le spleen, et la recherche d'une idéale beauté.

Baudelaire affirme et exulte l'alliance des contraires. Sa figure de style privilégiée est d'ailleurs l'oxymore. Tout se passe comme si spleen et idéal étaient en réalité les deux aspects d'un même évènement qui est celui de l'existence, puisque vivre c'est à la fois aspirer à s'élever (élévation dans l'idéal), puis tomber (expérience du gouffre, du spleen).

Pour Baudelaire, la véritable poésie se situe dans cette contradiction. En effet, lorsque le poète cherche à atteindre l'idéal, il aspire en réalité à une beauté supérieure, infinie mais surtout inaccessible. C'est de cette inaccessibilité que nait la douleur du poète et l'expérience du spleen. Il se trouve alors dans une situation contradictoire, conflictuelle et impossible, qui ne peut être transcendée que par son art et la recherche de formes nouvelles. C'est pour cette raison que les deux derniers vers du recueil sont si importants et constituent en réalité la clé de lecture de l'ouvrage : « Plonger au fond du gouffre, Enfer ou Ciel, qu'importe ? Au fond de l'inconnu pour trouver du nouveau. »

- « Plonger au fond du gouffre » : il s'agit pour Baudelaire de faire l'expérience du gouffre, c'est-à-dire l'expérience de l'inconnu, qui se matérialise par la recherche d'une poésie nouvelle qui, on le verra plus loin, est fondée sur les correspondances.
- « Enfer ou Ciel, qu'importe ? » : cet oxymore est le miroir de la contradiction qui existe entre spleen et idéal. Ce vers résume à lui seul le projet poétique de Baudelaire. Il s'agit pour lui d'extraire la beauté du mal, c'est-à-dire de faire l'expérience du spleen, elle-même provoquée par la recherche d'une beauté que le poète sent inaccessible, pour aboutir à l'idéal. C'est de l'expérimentation de ces deux tendances opposées que Baudelaire tire sa poésie. Ce vers peut également se lire comme une expression de la révolte du poète : en mettant le ciel et l'enfer au même niveau, Baudelaire réaffirme son insurrection contre Dieu.
- « Au fond de l'inconnu pour trouver du nouveau » : c'est à une nouvelle conception de la poésie et à une nouvelle idée du beau que Baudelaire veut nous amener. Pour lui, « le Beau est toujours bizarre ».

LES CORRESPONDANCES

Baudelaire inaugure, avec *Les Fleurs du mal*, une poésie de l'analogie. Le quatrième poème du recueil, *Correspondances*, évoque ce que représentent celles-ci pour l'auteur. Il en distingue deux types :

- des correspondances verticales, qui établissent des liens entre le monde d'en bas et le monde d'en haut, entre l'univers terrestre et l'univers céleste. Elles ouvrent sur l'invisible, sur une sorte de surréalité transcendante. Ce type de correspondance relève d'une conception platonicienne de l'univers (en référence à Platon, philosophe grec ayant vécu de 427 à 347 av. J.-C.) selon laquelle il existe deux pans de réalité : d'une part le monde sensible, naturel, d'autre part le monde des Idées. Ainsi, dans certains de ses poèmes, Baudelaire établit des analogies entre l'univers matériel et ce qui relève du spirituel, à l'instar de ce premier vers de *Correspondances* : « La nature est un temple », dans lequel il identifie la nature à un lieu sacré, tissant un lien entre réel et spirituel ;
- des correspondances horizontales, aussi appelées synesthésies, qui établissent des analogies entre différents sens, entre différentes sensations. Ces liens relèvent ainsi uniquement du monde sensible, à la différence des correspondances verticales. Le célèbre vers « les parfums, les couleurs et les sons se répondent », issu de *Correspondances*, illustre bien ce type d'analogie. Dans ce même poème, Baudelaire évoque plusieurs synesthésies : « Il est des parfums frais comme des chairs d'enfants,/ Doux comme des hautbois, verts comme les prairies,/ – Et d'autres, corrompus, riches et triomphants. »

On trouve dans ce tercet l'association des cinq sens : l'odorat (les parfums), le toucher (frais), le gout (chairs), l'ouïe (hautbois) et la vue (verts).

Les correspondances sont pour Baudelaire l'expression de l'imagination, qu'il appelle « la reine des facultés ». Il cherche à faire naitre des images de la poésie, et celles-ci doivent être surprenantes (puisque « le Beau est toujours bizarre »).

Notons que c'est de cette théorie des correspondances que se sont inspirés les symbolistes par la suite, cherchant dans leurs œuvres à établir des analogies entre différents pans de la réalité.

LA QUESTION DU STYLE

Pour Baudelaire, le poète doit être une sorte de magicien, dont le matériau de travail est la langue, les mots. Pour parler de son art, il emploie souvent le terme de « sorcellerie évocatoire ».

Tout d'abord, à ses yeux, la poésie touche à la musique. Il développe donc dans ses poèmes une science du rythme. C'est grâce à la cadence créée par les constructions grammaticales, les enjambements, les rejets et les contre-rejets que Baudelaire fait naitre les images poétiques. Il utilise aussi fréquemment la répétition de vers, qui créé un effet rythmique d'insistance pour susciter certaines sensations. Il use par ailleurs déjà du vers impair, que Verlaine utilisera abondamment, et alterne vers pairs et impairs pour créer des effets de rythme.

Ensuite, Baudelaire obéit toujours à une grande rigueur dans la construction des poèmes. Il privilégie d'ailleurs la forme brève, et notamment le sonnet, en raison de ses contraintes, à une époque où la poésie romantique a familiarisé les lecteurs à des poèmes beaucoup plus longs et moins rigoureux. La brièveté formelle permet à Baudelaire de donner plus de force aux images qu'il fait éclore et d'insister sur les effets d'opposition qui structurent tant ses pièces que le recueil. D'une manière plus générale, la construction très stricte des *Fleurs du mal* s'opère grâce à l'usage fréquent de la répétition de vers, particulièrement en fin de strophe, pour structurer le poème, ou encore grâce aux symétries de construction des strophes, qui suggèrent le plus souvent chez Baudelaire une progression (voir le poème *Le Balcon*).

BAUDELAIRE, UN POÈTE MODERNE

Faisant de l'espace poétique un champ d'expérimentations, notamment par le biais des correspondances, Baudelaire s'efforce d'inventer de nouveaux rapports entre l'émotion et la langue, inaugurant la modernité en poésie, que d'autres (Rimbaud ou Mallarmé notamment) pousseront encore plus loin.

Bon à savoir : la modernité

Dans la langue courante, « moderne » signifie « actuel, contemporain », par opposition avec ce qui est passé, ancien, traditionnel. Dans le domaine artistique, si plusieurs périodes ou courants ont été qualifiés de « modernes », depuis peu, la modernité désigne la voie prise par les arts au milieu du XIXe siècle, d'abord sous l'impulsion de Baudelaire. À cette époque, la nouveauté et l'originalité deviennent les premiers critères de jugement des œuvres. À travers leurs créations, les artistes ont la volonté d'ajouter quelque chose au monde plutôt que de le reproduire ; ils veulent faire preuve d'originalité, faisant fi de la fidélité par rapport aux modèles établis et aux normes. Dès lors, le champ des sujets s'élargit et s'ouvre aux réalités récentes, et les expérimentations formelles et langagières sont légion (surtout en poésie). Par la suite, la course à la nouveauté ne fera que s'amplifier, avec l'apparition de multiples courants d'avant-garde littéraires et artistiques. Pour autant, l'œuvre de Baudelaire ne peut se lire comme une simple recherche effrénée de la nouveauté. Pour lui, les œuvres du passé sont vivantes et transmettent à l'artiste les vibrations de leur sens. Pour Baudelaire, la modernité consiste à rivaliser avec ces œuvres du passé pour extraire la beauté du présent, de l'esprit du temps.

Si Baudelaire est considéré comme le précurseur de la poésie moderne, c'est tout d'abord parce qu'il a véhiculé le sentiment que la poésie ne pouvait avoir d'autre but qu'elle-même. C'est probablement pour cette raison qu'il a dédié *Les Fleurs du mal* à Théophile Gautier. Cependant, à la différence des parnassiens, Baudelaire n'a pas voulu figer son art dans une pure recherche formelle, jusqu'à inclure la figure du poète qui s'exprime. Baudelaire pratique en effet beaucoup la prosopopée et l'interlocution dans ses œuvres, et l'un des traits de sa modernité est d'avoir réussi à faire entendre la voix du poète dans ses vers.

D'autre part, c'est avec les « Tableaux parisiens » que Baudelaire signe l'entrée en modernité de la poésie. En effet, le motif poétique de la ville de Paris est pour lui une tentative d'extraire la beauté de l'espace de la ville et de l'expérience du quotidien. Le lieu de la ville n'a absolument rien de réaliste chez Baudelaire mais est la source d'une méditation poétique sur les symboles et les correspondances. Cette modernité trouvera son apogée dans le *Spleen de Paris* avec la nouveauté formelle que constitue le poème en prose.

PISTES DE RÉFLEXION

QUELQUES QUESTIONS POUR APPROFONDIR SA RÉFLEXION …

- Baudelaire a déclaré à propos des *Fleurs du mal* que son recueil n'était pas un « pur album », mais qu'il avait un début et une fin. Que pouvez-vous dire sur la composition du recueil ?
- Quelle image du poète et de la poésie le poème *L'Albatros* nous livre-t-il ?
- En quoi Baudelaire est-il un poète de la modernité ?
- Que véhicule l'image du gouffre chez Baudelaire ?
- Comment expliqueriez-vous les deux derniers vers du poème *Le Voyage* ?
- En quoi les deux notions de spleen et d'idéal, qui structurent le recueil, sont à la fois complémentaires et contradictoires ?
- Que sont les correspondances pour Baudelaire ? En vous appuyant sur le poème éponyme et sur d'autres pièces des *Fleurs du mal*, expliquez en quoi elles sont révélatrices de la modernité de Baudelaire.
- En lisant les poèmes dédiés aux trois inspiratrices qu'ont été Jeanne Duval, Apollonie Sabatier et Marie Daubrun, en quoi peut-on dire que l'image de la femme dans *Les Fleurs du mal* relève elle aussi de la tension qui existe entre spleen et idéal pour Baudelaire ?

- Baudelaire a écrit dans *L'Art romantique* : « Tout homme peut se passer de manger pendant deux jours, de poésie, jamais. » Quelle vision de la poésie et de la condition du poète Baudelaire nous livre-t-il ici ?

POUR ALLER PLUS LOIN

ÉDITION DE RÉFÉRENCE

- BAUDELAIRE C., *Les Fleurs du mal*, Paris, Le Livre de Poche, 1999.

ÉTUDE DE RÉFÉRENCE

- LAUNAY C., Les Fleurs du mal *de Charles Baudelaire*, Paris, Gallimard coll. « Foliothèque », 2002.

Retrouvez notre offre complète sur lePetitLittéraire.fr

- des fiches de lectures
- des commentaires littéraires
- des questionnaires de lecture
- des résumés

ANOUILH
- Antigone

AUSTEN
- Orgueil et Préjugés

BALZAC
- Eugénie Grandet
- Le Père Goriot
- Illusions perdues

BARJAVEL
- La Nuit des temps

BEAUMARCHAIS
- Le Mariage de Figaro

BECKETT
- En attendant Godot

BRETON
- Nadja

CAMUS
- La Peste
- Les Justes
- L'Étranger

CARRÈRE
- Limonov

CÉLINE
- Voyage au bout de la nuit

CERVANTÈS
- Don Quichotte de la Manche

CHATEAUBRIAND
- Mémoires d'outre-tombe

CHODERLOS DE LACLOS
- Les Liaisons dangereuses

CHRÉTIEN DE TROYES
- Yvain ou le Chevalier au lion

CHRISTIE
- Dix Petits Nègres

CLAUDEL
- La Petite Fille de Monsieur Linh
- Le Rapport de Brodeck

COELHO
- L'Alchimiste

CONAN DOYLE
- Le Chien des Baskerville

DAI SIJIE
- Balzac et la Petite Tailleuse chinoise

DE GAULLE
- Mémoires de guerre III. Le Salut. 1944-1946

DE VIGAN
- No et moi

DICKER
- La Vérité sur l'affaire Harry Quebert

DIDEROT
- Supplément au Voyage de Bougainville

DUMAS
- Les Trois Mousquetaires

ÉNARD
- Parlez-leur de batailles, de rois et d'éléphants

FERRARI
- Le Sermon sur la chute de Rome

FLAUBERT
- Madame Bovary

FRANK
- Journal d'Anne Frank

FRED VARGAS
- Pars vite et reviens tard

GARY
- La Vie devant soi

GAUDÉ
- La Mort du roi Tsongor
- Le Soleil des Scorta

GAUTIER
- La Morte amoureuse
- Le Capitaine Fracasse

GAVALDA
- 35 kilos d'espoir

GIDE
- Les Faux-Monnayeurs

GIONO
- Le Grand Troupeau
- Le Hussard sur le toit

GIRAUDOUX
- La guerre de Troie n'aura pas lieu

GOLDING
- Sa Majesté des Mouches

GRIMBERT
- Un secret

HEMINGWAY
- Le Vieil Homme et la Mer

HESSEL
- Indignez-vous !

HOMÈRE
- L'Odyssée

HUGO
- Le Dernier Jour d'un condamné
- Les Misérables
- Notre-Dame de Paris

HUXLEY
- Le Meilleur des mondes

IONESCO
- Rhinocéros
- La Cantatrice chauve

JARY
- Ubu roi

JENNI
- L'Art français de la guerre

JOFFO
- Un sac de billes

KAFKA
- La Métamorphose

KEROUAC
- Sur la route

KESSEL
- Le Lion

LARSSON
- Millenium I. Les hommes qui n'aimaient pas les femmes

LE CLÉZIO
- Mondo

LEVI
- Si c'est un homme

LEVY
- Et si c'était vrai...

MAALOUF
- Léon l'Africain

MALRAUX
- La Condition humaine

MARIVAUX
- La Double Inconstance
- Le Jeu de l'amour et du hasard

MARTINEZ
- Du domaine des murmures

MAUPASSANT
- Boule de suif
- Le Horla
- Une vie

MAURIAC
- Le Nœud de vipères

MAURIAC
- Le Sagouin

MÉRIMÉE
- Tamango
- Colomba

MERLE
- La mort est mon métier

MOLIÈRE
- Le Misanthrope
- L'Avare
- Le Bourgeois gentilhomme

MONTAIGNE
- Essais

MORPURGO
- Le Roi Arthur

MUSSET
- Lorenzaccio

MUSSO
- Que serais-je sans toi ?

NOTHOMB
- Stupeur et Tremblements

ORWELL
- La Ferme des animaux
- 1984

PAGNOL
- La Gloire de mon père

PANCOL
- Les Yeux jaunes des crocodiles

PASCAL
- Pensées

PENNAC
- Au bonheur des ogres

POE
- La Chute de la maison Usher

PROUST
- Du côté de chez Swann

QUENEAU
- Zazie dans le métro

QUIGNARD
- Tous les matins du monde

RABELAIS
- Gargantua

RACINE
- Andromaque
- Britannicus
- Phèdre

ROUSSEAU
- Confessions

ROSTAND
- Cyrano de Bergerac

ROWLING
- Harry Potter à l'école des sorciers

SAINT-EXUPÉRY
- Le Petit Prince
- Vol de nuit

SARTRE
- Huis clos
- La Nausée
- Les Mouches

SCHLINK
- Le Liseur

SCHMITT
- La Part de l'autre
- Oscar et la Dame rose

SEPULVEDA
- Le Vieux qui lisait des romans d'amour

SHAKESPEARE
- Roméo et Juliette

SIMENON
- Le Chien jaune

STEEMAN
- L'Assassin habite au 21

STEINBECK
- Des souris et des hommes

STENDHAL
- Le Rouge et le Noir

STEVENSON
- L'Île au trésor

SÜSKIND
- Le Parfum

TOLSTOÏ
- Anna Karénine

TOURNIER
- Vendredi ou la Vie sauvage

TOUSSAINT
- Fuir

UHLMAN
- L'Ami retrouvé

VERNE
- Le Tour du monde en 80 jours
- Vingt mille lieues sous les mers
- Voyage au centre de la terre

VIAN
- L'Écume des jours

VOLTAIRE
- Candide

WELLS
- La Guerre des mondes

YOURCENAR
- Mémoires d'Hadrien

ZOLA
- Au bonheur des dames
- L'Assommoir
- Germinal

ZWEIG
- Le Joueur d'échecs

Et beaucoup d'autres sur lePetitLittéraire.fr

© **LePetitLittéraire.fr, 2013. Tous droits réservés.**

www.lepetitlitteraire.fr

ISBN version imprimée : 978-2-8062-3040-9
ISBN version numérique : 978-2-8062-3038-6
Dépôt légal : D/2013/12.603/397